MÉTHODE

ET TABLEAUX

DE LA

COMBINAISON DES SONS AVEC LES ARTICULATIONS,

Applicables à tous les modes d'enseignement,

POUR APPRENDRE A LIRE

En peu de leçons, sans épeler.

Par F. D., Instituteur,

Ancien Géomètre du Cadastre.

A VESOUL, CHEZ ZÆPFFEL, LIBRAIRE.

1829.

INTRODUCTION.

Dans le langage il y a deux choses distinctes : le *son* qui est représenté, dans l'écriture, par une ou plusieurs voyelles, et l'*articulation* qui est représentée par une ou plusieurs consonnes.

Les *sons* sont formés par certains bruits produits par les divers mouvemens de notre poitrine.

Les *articulations* se font par les différens mouvemens des lèvres, de la langue et du gosier; ainsi les signes qui les représentent sont de cinq sortes, SAVOIR :

Pour les labiales, *b. p. m.*
——— linguales, *l. d. t. n.*
——— gutturales, *k. c. q. g.*
——— sifflantes, *s. ç. f. ph. v. j. ch. x. z.*
——— mouillées, *gn. ill. y.*
——— tremblantes, *r* et ses combinaisons comme *br., cr., dr.*, etc.

Par conséquent, les consonnes n'étant que des signes indicateurs des articulations, elles ne devraient frapper que les yeux ; mais pour que les élèves puissent se souvenir de ces mouvemens, on les nomme *beu, peu, meu, leu, deu, teu, neu, queu, gueu, seu, feu, veu, jeu, cheu, queseu, zeu, gneu, lieu, reu, i* et non *y*.

PREMIÈRE LEÇON.

SIGNES QUI REPRÉSENTENT LES SONS.

a		i		o		u		ou
	e		é		è		ê	
an		in		au		ui		oi
	eu		er		ei		ai	
en		ain		on		un		oin
	œu		ez		et		est	

Quand les élèves sauront les deux premières lignes, on leur fera apprendre le tableau par colonne.

DEUXIÈME LEÇON.

SIGNES QUI REPRÉSENTENT LES ARTICULATIONS.

b p m l d t n k–c–q g s–ç f ph v j ch x z gn ill r y h

RÉPÉTITION.

b c d f ph g h j ch k l m n p q r s t v x y z gn ill

ALPHABET.

a b c d e f g h i j k l
m n o p q r s t u v x y z

LETTRES MAJUSCULES.

A B C D E F G H I J K
L M N O P Q R S T U V
X Y Z

Quand l'élève saura lire, on lui fera apprendre par cœur l'alphabet ordinaire, afin qu'il puisse se servir des dictionnaires.

TROISIÈME LEÇON.

SYLLABAIRE DIRECT.

a e é è i o u ou

b.

ba be bé bè bi bo bu bou
ban beu ber bei bin bau bui boi
ben bœu bai bai bain bon bun boin

p.

pa pe pé pè pi po pu pou
pan peu pai pei pin pau pui poi
pen peu per pai pain pon pun poin

m.

ma me mé mè mi mo mu mou
man meu mai mei min mau mui moi
men mœu mer mai mein mon mun moin

l.

la le lé lè li lo lu lou
lan leu lai lei lin lau lui loi
len leu ler lai lain lon lun loin

d.

da de dé dè di do du dou
dan deu dai dei din dau dui doi
den deu der dai dain don dun doin

QUATRIÈME LEÇON.

a   e   é   è   i   o   u   ou

t.

ta	te	té	tè	ti	to	tu	tou
tan	teu	tai	tei	tin	tau	tui	toi
ten	teu	ter	tai	tain	ton	tun	toin

n.

na	ne	né	nè	ni	no	nu	nou
nan	neu	nai	nei	nin	nau	nui	noi
nen	nœu	ner	nai	nain	non	nun	noin

k. c.

ka	ke	ké	kè	ki	ko	ku	kou
ca	cue				co	cu	cou
can	cœu	cai	cai	cain	con	cun	coin

q.

qua	que	qué	què	qui	quo	quu	quoi
quan	queu	quer	quai	quin	quon		

g.

ga	gue	gué	guè	gui	go	gu	gou
gan	gueu	gai	gai	guin	gau	gui	goi

s.

sa	se	sé	sè	si	so	su	sou
san	seu	sai	sei	sin	sau	sui	soi
sen	sœu	ser	sai	sain	son	sun	soin

CINQUIÈME LEÇON.

a   e   é   è   i   o   u   ou

s. ç. c.

ça   ce   cé   cè   ci   ço   çu   çou
cen ceu cer cei cin çon   çoi

f.

fa   fe   fé   fè   fi   fo   fu   fou
fan feu fai fei fin fau fui foi
fen feu fer fai fain fon fun foin

v.

va   ve   vé   vè   vi   vo   vu   vou
van veu vai vei vin vau vun voi
ven vœu ver vai vain von vun voin

j.

ja   je   jé   jè   ji   jo   ju   jou
jan jeu jai jei jin jau jui joi
jen jeu jer jai jain jon jun join

j. g.

gea   ge   gé   gè   gi   geo   geu
gean geu ger gei gin geon   geoi

x.

xa   xe   xé   xè   xi   xo   xu   xou
xen xeu xer xai xin xon xun xoi

SIXIÈME LEÇON.

a   e   i   o   u   ou

z.

za   ze   zi   zo   zu   zou
zan   zeu   zin   zau   zui   zoi
zen   zain   zon   zun   zoin

ph.

pha   phe   phi   pho   phu   phou
phan   pheu   phin   phon   phun   phoi

gn.

gna   gne   gni   gno   gnu   gnou
gnan   gneu   gnin   gnon   gnun   gnoi

ch.

cha   che   chi   cho   chu   chou
chan   cheu   chin   chon   chun   choi

r.

ra   re   ri   ro   ru   rou
ran   reu   rin   ron   run   roi

ill.

illa   ille   illi   illo   illu   illou
illan   illeu   illin   illon   illun   illoi

y.

ya   ye   yo   yu   you
yan   yeu   yen   yon   yun

SEPTIÈME LEÇON.

CONSONNES COMPOSÉES.

bl cl fl phl gl pl br cr chr dr fr phr gr
pr tr vr scr spr str.

bl. br.

bla	ble	bli	blo	blu	blou
blan	bleu	blin	blon	blun	bloi
bra	bre	bri	bro	bru	brou
bran	breu	brin	bron	brun	broi

cl. cr.

cla	cle	cli	clo	clu	clou
clan	cleu	clin	clon	clun	cloi
cra	cre	cri	cro	cru	crou
cran	creu	crin	cron	crun	croi

fl. fr.

fla	fle	fli	flo	flu	flou
flan	fleu	flin	flon	flun	floi
fra	fre	fri	fro	fru	frou
fran	freu	frin	fron	frun	froi

dr.

dra	dre	dri	dro	dru	drou
dran	dreu	drin	drau	drai	droi
dren	dreu	drain	dron	drun	droin

HUITIÈME LEÇON.

gl. gr.

gla	gle	gli	glo	glu	glou
glan	gleu	glin	glon	glun	gloi
gra	gre	gri	gro	gru	grou
gran	greu	grin	gron	grun	groi

pl. pr.

pla	ple	pli	plo	plu	plou
plan	pleu	plin	plon	plun	ploi
pra	pre	pri	pro	pru	prou
pren	preu	prin	pron	prun	proi

tr. str. scr.

tra	tre	tri	tro	tru	trou
tran	treu	trin	tron	trun	troi
stra	stre	stri	stro	stru	strou
scra	scre	scri	scro	scru	scrou

vr.

| vra | vre | vri | vro | vru | vrou |
| vran | vreu | vrin | vron | vrun | vroi |

chr. spr.

chra	chre	chri	chro	chru	chrou
spra	spre	spri	spro	spru	sprou
phla	phle	phli	phlo	phlu	phlou

NEUVIÈME LEÇON.

SYLLABAIRE INVERSE.

	b	c	d	f	g	l	p	r	t	x
a	ab	ac	ad	af	ag	al	ap	ar	att	ax
è	eb	ec	ed	ef	eg	el	ep	er	ett	ex
i	ib	ic	id	if	ig	il	ip	ir	itt	ix
o	ob	oc	od	of	og	ol	op	or	ott	ox
u	ub	uc	ud	uf	ug	ul	up	ur	utt	ux

Suite de la NEUVIÈME LEÇON.

	a	è	i	o	u
b	bac	bec	bid	boss	bur
br	brass	bref	briss	bross	brug
l	lac	leb	litt	loc	luc
bl	blar	blett	blif	bloc	blur
pr	prag	press	priss	prog	pruss
pl	plar	pless	plis	ploss	pluss
m	mas	mer	mil	mol	mur
t	tar	tel	tiss	tol	tul
tr	trac	tress	tric	troc	truf

DIXIÈME LEÇON.

SONS MOUILLÉS.

	a	e	è	i	ou
	ail	euil	eil	ill	ouil
b	bail	beuil	beil	bill	bouil
br	brail	breuil	breil	brill	brouil
f	fail	feuil	feil	fill	fouil
g	gail	gueil		guill	gouil
m	mail	meuil	meil	mill	mouil
n	nail	neuil	neil	nill	nouil
p	pail	peuil	peil	pill	pouil
r	rail	reuil	reil	rill	rouil
d	dail	deuil	deil	dill	douil
t	tail	teuil	teil	till	touil
tr	trail	treuil	treil	trill	trouil
j	jail	jeuil	jeil	juill	jouil

PREMIER EXERCICE DE LECTURE.

a. Mon a mi. Ba la da du Ca na da nous a plan té un a ca cia; il a pris du cho co lat, du ra ta fia a vec pa pa.

e. Je te do nne mon li vre pour le li re, je te prie de ne pas le di re.

é. Fé li ci té a dé jeû né du bon ca fé, et moi j'ai man gé du pâ té à dî ner.

è. Ge ne vi è ve a bu à la ri vi è re, à la gou tti è re, ce la ne vaut pas la bi è re.

i. Ma da me Ri gni de Mon ti gni a un petit chat gris qui a nom zi zi, c'est son a mi, elle lui do nne du rô ti à mi di.

au. La mau vai se pau me de Mi chau ne sau te pas plus haut qu' un cra paud.

eau. J'ai un beau moi neau tout nou veau, il man ge du gâ teau et boit de l'eau.

u. Du cha ru est re ve nu, il a vu mon sieur Du pa lu qui l'a bien re çu.

ou. Mon tou tou n'est pas fou, quand il a vu le loup il s'est ca ché dans un trou.

oi. Fran çois, le Roi a fait la loi pour toi au ssi bien que pour moi.

ei. La pe ti te rei ne est en pei ne, elle a per du son pei gne le long de la Sei ne.

ai. Hé lè ne fi le la lai ne cet te se mai ne chez le ca pi tai ne Hi lai re; elle vou drait du lait pour avoir le teint frais.

et. Ba bet a des pa quets de bou quet dans son ca bi net.

SECOND EXERCICE DE LECTURE.

eu. Mon si eur Fa la ci eu de Beau li eu veut fai re un jeu pour son ne veu.

en. En fin je suis con tent d'un pré sent de mes pa rens ; c'est de l'ar gent.

in. Le lin est fin il vi ent par pe tits brins co mme du crin.

ain. Ger main avait faim, son pa rain lui a mis du pain dans la main ; il l'a man gé dans le bain.

ien. Ju lien, rends moi mon chien, voi là le tien qui ne vaut rien, vends le à Da mien qui a per du le sien.

Il faut faire articuler r *final dans tous les mots terminés par* air, eur, ir, ur, our, oir.

l'air, la chair, le pair, un éclair.

eur. De l'o ran ge j'ai me la fleur, la cou leur, la ron deur, l'o deur, la sa veur.

ir. Je vou drais sor tir pour cou rir : pour me pu nir, me fai re sou ffrir, on ne veut pas me lai sser par tir.

our. Au point du jour Mon sieur Du four a fait un tour dans sa cour.

oir. J'a vais un mi roir dans mon ti roir, je l'ai ca ssé le soir sans le voir.

Il faut faire observer le tréma.

Ci guë, am bi guë, A dé la ï de, Za ï re, Mo ï se, Hé lo ï se, ha ïr, Ca ïn, na ï ve, Sa ül, a ï eul, pa ï en, fa ï en ce, po ë te.

Exercice sur y qui vaut deux i *entre deux voi ielles, voyelles.*

Roi iaume, royaume; moi ien, moyen; pai is, pays; noi iau, noyau; tui iau, tuyau; boi iau, boyau; ci toi ien, citoyen; joi ieux, joyeux; rai ion, rayon; pai ié, payé; noi ié, noyé; il tu toi ia, il tutoya; il em ploi ia, il employa.

TROISIÈME EXERCICE DE LECTURE.

Mes en fans soyez pru dens dans vos pa ro les, dans vos ac tions et dans tou tes vos dé mar ches.

Mes a mis ne fai tes rien qui ne soit di gne des ma xi mes de ver tu que j'ai tâ ché de vous ins pi rer.

Un en fant doit se mon trer do ci le aux re-mon tran ces; il doit ê tre res pec tu eux et rem pli d'a tten tion en vers ses pa rens.

Rien ne plaît au tant que la pro pre té; son char me a plus d'a ttrait que le lu xe le plus é cla-tant.

L'ho mme est né pour tra va iller co mme l'oi seau pour vo ler.

L'oi si ve té re ssem ble à la rou ille; elle u se cent fois plus que le tra vail.

Les i vro gnes di sent que la bou tei lle fait des mer vei lles; ce la est donc mer vei lleux de voir des en fans gue ni lleux; ce n'est que la ca na ille qui fait ri pa ille pen dant que les pau-vres fem mes tra va illent.

Exercice sur er, es, ex.

Faute d'un clou le cheval perd son fer ; faute d'un fer on perd le cheval ; et faute d'un cheval le cavalier est perdu.

Es car pin, es prit, es cla ve, les te, des tin, fes tin, ges te, ves te, pes te, res te, mes se, mes sa ger, es ti mé.

Ex cès, ex près, ex cu se, ex ta se, ex em ple, ex trait, exa gère, exa men, ex clu, ex pert, ex i lé, ex pi ré.

Au dé faut de la for tu ne, les qua li tés de l'es-prit, les grands des sins, les vas tes pen sées, pourront nous dis tin guer du res te des hom mes.

Les biens de la for tu ne, les ta lens de l'es prit, l'é lé gan ce des for mes ne sont rien au près de la ver tu.

Qu'y a-t-il de plus beau ? l'univers. De plus fort ? la nécessité. De plus facile ? de donner des avis.

Les cornes sont la défense du taureau ; l'aiguillon, celle de l'abeille ; la raison, celle de l'homme.

La misère, la servitude, le mépris, sont le partage de ceux qui ont négligé de s'instruire dans leur jeunesse.

On doit ramener l'élève sur la partie où il éprouve le plus de difficulté.

FIN.

Vesoul, imprimerie de Cl.-Ferd. Bobillier.

www.ingramcontent.com/pod-product-compliance
Lightning Source LLC
Chambersburg PA
CBHW061612040426
42450CB00010B/2447